Le Tarot des Confinés

2021

Éditions Arcana Sacra

Avertissement : le masque présent dans le packaging n'est en aucun cas destiné à être porté ou à protéger contre la Covid-19. L'éditeur dégage toute responsabilité concernant les conséquences qui découleraient du port de ce masque inadapté.

Éditions Arcana Sacra
10, rue de Vidailhan
31130 Balma
FRANCE

www.arcana-sacra.com

Retrouvez-nous
sur les réseaux sociaux

Facebook @EditionsArcanaSacra
Twitter @AllianceMagique
Instagram @arcanasacraeditions

Édité sous la direction de Marion Péru

Maquette : Alexis Baldassari

fond arlequin : iStockphoto.com : billnoll

Un label des Éditions Alliance Magique
ISBN : 979-10 94878-93-4
Dépôt légal : 1er trimestre 2021
Imprimé en Chine

À propos d'Arnaud Malherbe

Arnaud Malherbe est tarologue/astrologue, artiste et coach en développement (inter) personnel et connaissance de soi. Ses diverses expériences professionnelles ont eu pour point commun la diversité des rencontres et la richesse du fonctionnement de l'Humain dans divers secteurs d'activités. Passionné de symbolisme, de mythologie, de psychologie et de philosophie, l'étude du Tarot fut pour lui une véritable révélation et devint un indispensable outil de son quotidien. Il représente pour lui un merveilleux héritage de l'humanité et un compagnon de route précieux vers la connaissance de soi.

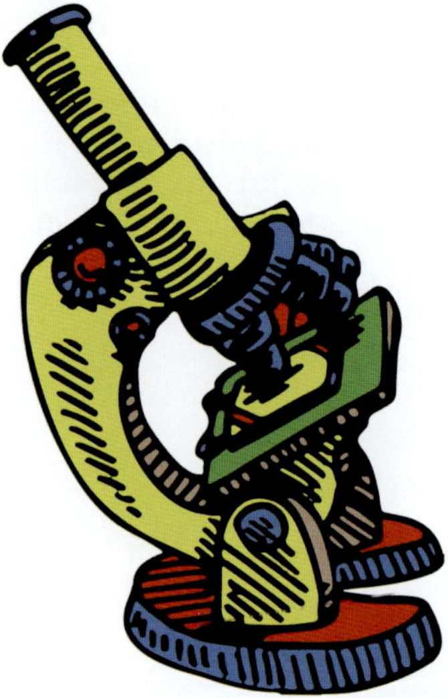

Sommaire

Introduction

Peut-être êtes-vous déjà familier avec ce livre muet qu'est le Tarot, ou bien abordez-vous ces quelques pages comme un premier pas vers la connaissance de ce jeu séculaire et sacré. Si tel est le cas, vous êtes à l'entrée d'une pyramide gigantesque dont il va falloir ouvrir les portes, afin de percer les secrets qu'elle garde depuis fort longtemps. Cet ouvrage monumental est un héritage de l'humanité dont l'architecture parfaite nous parle de notre incarnation et de notre chemin d'évolution. Sa structure est traditionnellement composée de 78 cartes, ou encore lames, dont 22 sont appelées majeures et 56 mineures.

Le Tarot des Confinés est né en mars 2020, lors du premier confinement imposé par la crise sanitaire de la Covid-19 à Paris. Pour ce jeu décalé et atypique, j'ai pris plaisir à détourner les illustrations et les noms de ces 22 arcanes majeurs, tirés de la version du Tarot de Marseille de Paul Marteau. Un arcane est synonyme de mystère ou de secret. Ces grandes images archétypales truffées de symboles, sont source de sens et de lignes directrices pour une meilleure compréhension de nous-mêmes et du monde qui nous entoure. Chacune d'entre elles n'est ni bonne ni mauvaise, mais ombre et lumière d'une même pièce. Ainsi, l'obscurité qui plane sur le monde en ce temps m'a inspiré, en tant que passionné du Tarot, pour croquer une version confinée, masquée et donc ombrée de toutes ces représentations. Le premier arcane détourné fut La Maison-Dieu, lame d'enfermement, d'étouffement et de sublimation de la violence. Puis, naturellement, j'ai continué à redessiner chacune des lames pour donner vie à ce Tarot de Marseille humoristique, mais pas seulement !

2020, année de toutes les démesures, de catastrophes, de mensonges, de déraisons, de folie, de violences et de doutes... Est-elle le point de basculement vers une nouvelle ère qui ne fait que commencer ? Peut-être. Puisse la sagesse du maître Tarot nous aider à retrouver un peu de conscience et d'ontologie pour notre humanité en pleine crise salutaire. Et, si cette interprétation inattendue suscite en vous le souhait de découvrir les encodages des tarots traditionnels et de leurs enseignements (si ce n'est pas encore le cas), alors mes vœux seraient exaucés. J'espère que vous prendrez plaisir à découvrir ce jeu sarcastique, où vous retrouverez quelques personnages connus, de petites bêtes fort sympathiques et quelques images symboliques à méditer.

Prenez soin de vous !

Arnaud Malherbe
Décembre 2020

Présentation des lames

I

L'Inconscient

Dans les tarots traditionnels, la première carte numérotée se nomme Le Bateleur ou encore Le Magicien. C'est un point de départ, un commencement, une graine que l'on sème dans laquelle tous les potentiels sont latents mais non encore manifestés. À l'image d'un enfant qui vient de naître, Le Bateleur n'a pas encore conscience de ce qui se cache derrière sa matérialité. C'est aussi un petit joueur, un illusionniste qui adore les tours de passe-passe ! C'est pourquoi il est ici baptisé « L'Inconscient », symbole de notre monde éclaté et chaotique. Il manipule, joue et passe outre les lois ontologiques. Capable d'une dangerosité extrême dont il n'a pas encore conscience, le proverbe dont il devrait s'inspirer est celui de Rabelais : « Science sans conscience n'est que ruine de l'âme. » Lorsque vous tirez cette carte, rassemblez votre énergie, concentrez-vous et tâchez d'introduire de la conscience dans tout ce que vous entreprenez.

II

L'Infirmière

Voici une femme masquée et emmitouflée derrière un voile qui nous montre une radiographie des poumons. Ou bien peut-être la présente—t-elle au petit Inconscient en lui disant : « Regarde dans quel état se trouve la respiration de la population mondiale ! » L'Infirmière correspond à La Papesse du Tarot. Elle est l'expression de la connaissance et de la sagesse. Figure emblématique de la mère divine, elle aide à faire accoucher les âmes et les consciences. Gardienne du temple et des plus grands secrets, L'Infirmière du *Tarot des Confinés* se retrouve sur tous les fronts depuis le début de cette crise sanitaire sans précédent. Cette sage-femme mérite donc amplement d'être applaudie, comme cela a été le cas en France, chaque jour à 20 heures lors du premier confinement en mars 2020. Si cette carte apparaît dans votre tirage, faites preuve de sagesse, étudiez tout ce qui se cache derrière les apparences et accédez à une meilleure connaissance de vous-même.

III

La Spéculatrice

Il manquait à ce jeu caricatural quelques liasses de billets pour illustrer ce début de XXIe siècle et les rouages d'un monde financier tout puissant. La planche à billets tourne à plein régime, les déficits se creusent, les PIB s'effondrent, la pauvreté s'étend de plus en plus, et voilà que la brillante Impératrice du Tarot s'est mise à spéculer. Elle n'a plus qu'un mot à la bouche : de l'argent, de l'argent… toujours plus d'argent ! Du bitcoin, de la livre, du yuan et du dollar, telles sont les devises au service de sa toute-puissance. Une histoire de gros sous qui profiterait davantage à « Big Pharma » qu'aux hôpitaux et aux soignants en berne ? On peut se poser la question sur la transparence des gigantesques enjeux monétaires que cette année 2020 a générés. Lorsque La Spéculatrice apparaît, n'oubliez pas l'affirmation de Jésus dans l'Évangile selon Matthieu : « Je vous le dis encore, il est plus facile à un chameau de passer par le trou d'une aiguille qu'à un riche d'entrer dans le royaume de Dieu. »

IIII

L'Esclave

D'un point de vue numérologique, 2020 fut une année marquée par le nombre 4. Symboliquement, ce chiffre nous parle d'incarnation et de travail sur la matière. Il est ici écrit sous la forme « IIII » et permet de construire un carré, un périmètre. Ne sommes-nous pas restés enfermés entre quatre murs, dans une forme d'emprisonnement que nous impose un confinement ? C'est ce que ce personnage suggère ici, cloué à son fauteuil, esclave en pantoufles de la télévision et de la peur de manquer de papier toilette. L'Empereur du traditionnel tarot a bel et bien pris quelques kilos par son manque d'activité, quelques bières en trop, et n'a pas pu se rendre chez le coiffeur comme le montre sa chevelure négligée. Si vous tirez cet arcane, mettez-vous au travail, concrétisez vos projets en passant à l'action et consolidez vos acquis.

V

Le Gourou

Le risque, lorsque l'on s'en remet à n'importe quelle autorité spirituelle ou religieuse, est de s'enfermer dans des dogmes.

Le Pape du Tarot n'est pas celui de l'Inquisition, mais bien au contraire celui qui nous ouvre à d'autres horizons spirituels, culturels ou philosophiques, et nous permet ainsi d'accéder à plus de liberté. Jamais son rôle n'est de nous enfermer dans une pensée figée et préconçue. Voilà pourquoi le danger, dans son côté obscur, est de basculer dans une forme de sectarisme, et que cette carte est rebaptisée « Le Gourou ». Cette lame est une mise en garde, quels que soient votre chemin et les enseignants que vous rencontrez, n'abandonnez point aux mains d'un autre votre esprit critique, votre libre arbitre et votre pouvoir de décision. Dans un tirage, cette lame vous lance un défi de connaissance et d'apprentissage de toutes formes de savoirs enrichissants pour votre compréhension du monde.

VI

Le Douteux

Dans la plupart des livres sur la signification des lames du Tarot, vous lirez que L'Amoureux évoque le choix. En réalité, cet arcane nous propose, bien qu'il aborde évidemment la thématique de l'amour, de nous engager pour sortir du doute et de l'hésitation. Dans cette version confinée, Le Douteux n'est plus sous la protection d'un chérubin mais sous la menace d'un pangolin, cet animal qui a été au cœur de plusieurs thèses quant à l'origine de l'épidémie. Malgré une très grande prise de recul et une distanciation de son entourage, Le Douteux ne parvient pas à se décider pour revenir au contact de sa bien-aimée, tant il a peur de son prochain et doute de tout ce qu'il peut entendre. Les deux dernières lettres de la carte, V et X, forment le nombre XV et nous renvoient à la quinzième lame, Big Brother, qui a semé le scepticisme dans une large partie de la population. La présence de cette carte dans un tirage est une invitation à vous engager pleinement sur la seule voie véritable : l'amour.

VII
L'Ambulance

Le célèbre Chariot, symbole de gloire et de réussite, s'est reconverti en ambulancier. Il a troqué son légendaire costume princier contre une blouse et son sceptre contre un flacon de gel hydroalcoolique. Et s'il a choisi pour coiffe une charlotte de protection, il a su également l'imposer à ses deux vaillants étalons sous leurs gyrophares en perpétuelle rotation. Sur le front de sa monture se trouve l'Étoile de Vie, bleue et à six branches, utilisée pour les ambulances et services médicaux d'urgence. Plus sérieusement, le septième arcane du Tarot nous incite à entretenir notre véhicule (c'est-à-dire notre corps physique) et à lui porter tout le soin qu'il convient, pour maintenir en cohérence toute notre énergie et nos différents chakras. Alors, si vous le rencontrez, concentrez-vous et donnez une direction, un sens à vos objectifs, dans la maîtrise de votre potentialité.

VIII
L'Asphyxie

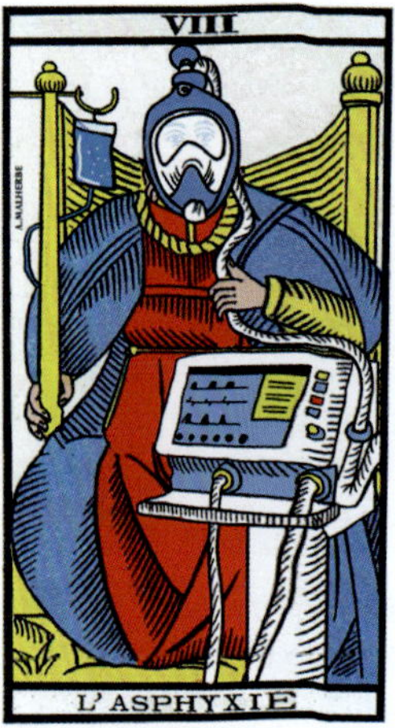

La huitième lame du Tarot, La Justice, est la première des quatre vertus cardinales. Elle évoque un obstacle, un passage étroit à franchir pour équilibrer macrocosme et microcosme et devenir libre dans l'obéissance supérieure. Sur le tableau périodique des éléments de Mendeleïev, le numéro atomique 8 correspond à l'atome neutre d'oxygène. Voilà pourquoi notre personnage est sous appareil respiratoire. La Justice est privée de sa respiration naturelle indispensable à la vie et devient L'Asphyxie. Cette crise mondiale a également généré de nombreuses formes d'injustice, de tyrannie et de décisions arbitraires, nous éloignant d'une loi divine à l'opposé de celle des arrangements humains. Quand cette lame apparaît, équilibrez, élaguez, ajustez et sortez des compromissions pour vous mettre en harmonie avec l'ordre du monde.

VIII I

Le Professeur

Jamais autant de scientifiques, médecins, virologues, épidémiologistes et spécialistes en tout genre n'ont été à ce point sous le feu des projecteurs. Le voilà le grand sage ! À moins que ce ne soit celui-ci ? Chloroquine *or not* chloroquine ? *That is the question!* L'Hermite, ce grand savant, va-t-il trouver le moyen et le remède pour nous guérir de tous nos maux ? Le professeur annonce-t-il enfin un médicament miracle ou une potion dont lui seul aurait le secret ? Puisse enfin un jour ce chercheur réduire et écraser ce corona de son bâton de sagesse. Toujours est-il que la course au vaccin, et la rapidité des laboratoires à le distribuer, peut laisser songeur quant à la prudence requise et l'expérimentation qui est menée en urgence. Si Le Professeur sort de son laboratoire lors de l'un de vos tirages, il serait bon de prendre votre temps et de méditer sur ce que vous avez vécu pour tirer toutes les leçons du passé.

X

La Lessiveuse

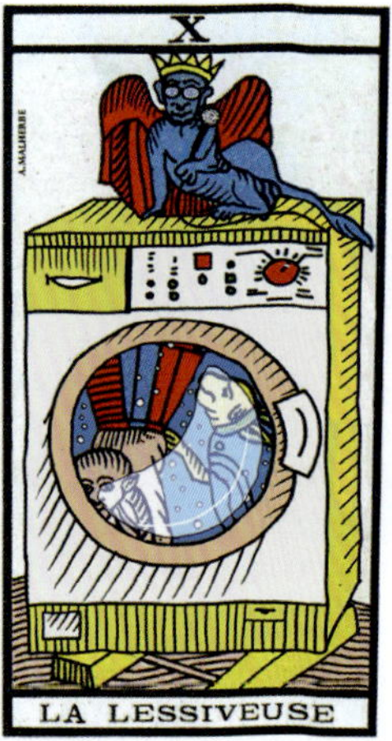

La Roue de Fortune s'est transformée en instrument de torture. Traditionnellement, elle symbolise tout ce qui revient sous forme d'un destin, mais également le libre arbitre et la nécessaire prise en main de notre karma pour une évolution dans notre incarnation. *A contrario*, elle évoquera les répétitions de schémas toxiques et une programmation mentale névrosée. Le ton est donné : La Lessiveuse nous conduit directement dans son tambour battant, pour un cycle de lessivage des plus puissants, et sans adoucissant. Elle nous épuise par son programme lent et par les mécanismes d'essorage de nos biais cognitifs. Lorsque cette lame sort dans votre tirage, identifiez vos mécanismes inconscients et laissez tomber le mode automatique pour passer en mode manuel. Elle vous invite à sortir de la routine et de votre zone de confort pour prendre en main votre destinée.

XI
Le Test

À cette onzième étape, nous sommes à mi-chemin de notre parcours, et donc, sur l'axe, à la charnière des 22 arcanes majeurs du Tarot. Ce passage est un test pour évaluer notre capacité à nous tenir dans notre verticalité et dans notre autonomie. Évidemment, le test pratiqué ici est celui d'un écouvillon entré en pleines narines de ce pauvre lion, qui a l'air de souffrir, et destiné à être dépisté de toutes traces de virus. La Force du Tarot est la troisième vertu cardinale, et correspond au courage et à la force morale. Difficile mais nécessaire, à cette période de l'histoire, de réguler ces dernières. Comment allons-nous franchir ce cap dans nos vies, en restant dans la maîtrise de nos peurs, de nos émotions, de notre colère et de nos frustrations ? Telle est la question que vous devrez vous poser si Le Test apparaît lors d'un tirage.

XII
Souche à virus

Voici un chiroptère à tête cornue et de taille conséquente ! Ce monstre s'est glissé dans le costume du légendaire Pendu du

Tarot de Marseille. Lorsque cette lame est découverte, il vous est demandé de mettre tête en bas, de réorienter votre pensée et de voir le monde différemment par un retournement de votre point de vue. Elle vous suggère de lâcher prise. Cette chauve-souris géante, active essentiellement la nuit, ne dort que d'un œil, ne vous y méprenez pas ! Elle est en gestation et couve peut-être le SARS-CoV-2. Il est connu que ce mammifère est source inépuisable de virus dangereux pour les humains. Alors, est-ce un hasard si l'anagramme de chauve-souris donne souche à virus ? Renversant, non ?

XIII
Arcane sans nom

Couramment, cet arcane est injustement appelé « La Mort » de par son illustration : un squelette muni d'une faucheuse écrasant deux têtes coupées. Or, dans la tradition, cette lame ne porte pas de nom et soulève toutes les problématiques liées à l'identité. Il s'agit en effet d'une mort à soi-même, d'une renaissance et d'une renommée. Malheureusement, l'épidémie qui s'est répandue sur la planète n'aura pas laissé derrière elle que des morts symboliques. En revanche, il est permis de penser que cette crise salutaire nécessite de faire le deuil de notre monde malade. Un nettoyage indispensable s'impose pour trouver une existence plus juste et un nouvel équilibre écologique, et ce sur tous les plans de nos vies, en accord avec notre chère Terre-Mère. Si vous êtes confronté à cette carte, il est temps de faire le ménage et de quitter l'ancien, et tout ce qui demande à être abandonné, pour renaître et accéder à une meilleure version de vous-même.

XIIII

La Démesure

« Lever le coude est la meilleure façon de ne pas baisser les bras ! » Cette citation pourrait s'appliquer si la femme illustrée sur cette lame ne sombrait pas dans un abus immodéré du breuvage favori du dieu Bacchus. Habituellement, cette lame du Tarot se nomme Tempérance, quatrième vertu cardinale, et nous invite à ne pas tomber dans l'outrance. Elle porte les ailes d'un ange qui ont disparu dans cette version confinée. Sa signification est claire : il faut mettre de l'eau dans son vin et tempérer toutes choses comme il se doit. Malheureusement, La Démesure boit pour oublier ses soucis en songeant que dans « Divin », il y a « vin » après tout ! Sans aucune pondération, elle s'en réfère au message du Christ : « Buvez-en tous ! » Attention en tirant cette lame, si vous levez le coude et buvez un coup, faites-le avec modération !

XV

Big Brother

Nous retrouvons notre cher diable dans cette quinzième lame derrière son écran de télévision, nous asservissant de sa puissance manipulatrice et démoniaque. L'expression *Big Brother* signifie « Grand Frère » et est attribuée à un personnage du célèbre roman d'anticipation *1984* de George Orwell. Elle est depuis utilisée pour qualifier des institutions portant atteinte aux libertés fondamentales et à la vie privée des populations. La traduction étymologique du Diable, *dia-bol*, suggère le fait de diviser. Les médias, quels qu'ils soient, rendent esclaves et dépendants ces deux diablotins enchaînés à des discours contraires, les empêchant de penser par eux-mêmes. Cette carte est une invitation à mettre de côté nos écrans de fumée pour retrouver notre liberté, notre libre arbitre et notre responsabilité.

XVI
Le Confinement

Il était logique, à travers ce premier confinement inédit que je traversais, de penser immédiatement à cette tour, nommée

La Maison-Dieu dans le Tarot de Marseille. Cet arcane est incontestablement celui du confinement. Il est d'autant plus sévère et contraignant dans cette version, puisque les personnages derrière les trois fenêtres ne peuvent s'échapper ni par le haut ni par le bas du bâtiment. Ils sont pris au piège et encerclés par de méchants coco-virus qui les menacent de toutes parts. Nous verrons dans le prochain arcane, Le Chaos, que c'est cette désertion totale de nos rues et de nos contrées qui a permis à la nature de reprendre un temps ses droits et une bouffée d'air frais. Que ce soit par nos prisons mentales, nos tours d'ivoire ou encore par nos constructions égotiques, n'oubliez-pas, lorsque vous tirez cette carte, de vous questionner sur vos limitations et de vous libérer de vos cuirasses enfermantes.

XVII
Le Chaos

Comme vu précédemment dans la seizième étape, le confinement total a radicalement changé l'ambiance de notre environnement. Ici, la femme nue et sans protection traditionnellement représentée au centre de l'illustration de L'Étoile a disparu, certainement contrainte de rester chez elle. Alors, place aux règnes animal, végétal et minéral. D'un point de vue symbolique, l'apparition de ce virus (qui en langage des oiseaux s'entend la « vie-ruse »), peut se comprendre comme un message de la nature pour nous alerter sur la façon dont nous la maltraitons depuis bien trop longtemps. Ainsi, durant la première phase de confinement, le silence assourdissant régnait à l'extérieur et certains animaux, comme les renards et les sangliers, ont fait leur apparition en ville. À la découverte de cette carte, ressourcez-vous, connectez-vous à la sagesse de la nature et lancez-vous dans une grande balade à l'air frais.

XVIII
Le Foyer

À cette dix-huitième étape, nous rencontrons l'archétype de la Lune. Ce luminaire est le maître du signe du Cancer en astrologie. Il est symbole de féminité, de conception et d'imaginaire, parmi tant d'autres. Il est également lié à notre intériorité, à notre logement et donc à notre foyer. Mais ne dit-on pas un « foyer de contagion » ou un « foyer de contamination » ? J'aurais également pu nommer cette lame le *cluster*. Mais il se trouve que la Chine est du signe astrologique du Cancer, ventre du monde où l'on peut manger tout ce qui est possible et imaginable à toute heure du jour et de la nuit. Cette scène se déroule peut-être dans la ville de Wuhan, où son laboratoire P4 a fait l'objet de beaucoup de spéculations. L'apparition de cette lame dans un tirage peut indiquer le besoin de vous connecter à vos rêves et à votre inspiration les plus profonds, mais aussi de porter toute votre attention à votre foyer !

XVIIII
La Distanciation

La dix-neuvième étape du Tarot est coutumièrement celle de la réunification et de l'union par les forces créatrices de l'amour.

Le Soleil, cet élément essentiel à toute forme de vie sur Terre, est obligé, lui aussi, de porter son masque. Le pauvre ! Lui qui aime éclairer, briller et réchauffer les cœurs. Eh bien c'est raté ! Il va falloir nous éloigner les uns des autres, nous priver de nos chaleureuses embrassades et respecter une distanciation dite « sociale ». Impossible de nous étreindre, de nous accoler et de nous caresser pour éviter la propagation du virus. Les deux jumeaux respectent ce geste barrière et s'imposent un recul de deux mètres. « Nous nous retrouverons au printemps ! » dit l'un. « J'espère » lui répond l'autre ! Lorsque vous tirez cette carte, ne perdez pas espoir, il y a toujours du soleil après la pluie. L'amour est en route. Et comme l'architecte du cosmos est le plus grand horloger du monde, sachez qu'il n'arrivera pas une minute trop tôt, ni une minute trop tard.

XX
Le Truchement

Le Truchement se définit par une personne qui parle à la place d'une autre, qui exprime sa pensée, lui servant d'intermédiaire, de porte-parole. Sur le vingtième arcane du Tarot, Le Jugement, l'ange représenté est associé à Mercure, ce dieu toujours en voyage entre ciel et terre pour porter aux humains les messages divins. Voici donc une lame qui suggère la communication avec les plans supérieurs. Au-dessous de cet ange, apparaissent normalement trois personnages, dont l'un central, émergeant d'un tombeau et prêt à renaître. Malheureusement, sur Le Truchement, cet être a disparu et se voit condamné à communiquer à distance par les réseaux sociaux et autres plateformes de conversation en ligne. Si cette carte sort de votre jeu, ne restez pas sourd aux appels de la vie, préparez-vous à déployez vos antennes pour capter les messages et les synchronicités.

XXI
L'Enfermement

L'ultime étape de notre aventure, après une renaissance à nous-même, est censée nous amener à contacter un nouveau monde par l'harmonisation accomplie de toutes les parties de soi. Le Monde est un symbole d'accomplissement, de réalisation et d'ouverture. Il est illustré par quatre vivants à l'extérieur d'une couronne de laurier, dans laquelle se trouve un être androgyne. Inexorablement, dans cette version confinée, ce dernier se trouve enfermé et à l'étroit dans cette mandorle, en compagnie du taureau, du lion, de l'aigle et de l'ange, pris au piège. Cette forme ovoïdale, cet œuf, est suspendue à un cordon dans l'attente de pouvoir éclore et de nous donner enfin accès à la lumière du jour d'un nouveau monde. La présence de cette lame dans un tirage vous questionne sur votre propre enfermement et vous conseille d'opter pour une vision holistique des choses. Prenez conscience que derrière le côté disparate de votre vie, une image globale indique le chemin qui mène du moi au soi.

Le Schizophrène

« Que nul ne s'abuse lui-même : si quelqu'un parmi vous pense être sage selon ce siècle, qu'il devienne fou, afin de devenir sage. Car la sagesse de ce monde est une folie devant Dieu. » Voici ce qu'écrit saint Paul dans sa lettre adressée aux Corinthiens. Il est question, avec cette lame, de folie et de sagesse, de raison et de déraison. Le Schizophrène est usuellement nommé Le Fou ou Le Mat selon les différents tarots. Sa particularité est qu'il ne porte pas de nombre et, par conséquent, qu'il est différent, rebelle et ne peut se ranger nulle part. Cette catastrophe humanitaire le rend malade, le révolte et lui fait perdre la perception de la réalité. Il se dédouble, en proie à des idées délirantes, il a décidé de garder tous ses masques attachés à son habit en souvenir des différents visages qu'il a portés. Sa force réside dans le fait qu'il se remet toujours en marche dans l'adversité et que son refuge est au-delà de sa matérialité. Alors, rencontrer ce personnage dans un tirage est présage d'une nouvelle route à prendre et d'un juste équilibre à trouver entre sagesse et folie.

Les tirages

Conseil

Pour ces tirages à trois ou quatre lames, demandez à votre corps mental de rester confiné le temps de l'exercice. Décroisez les jambes, respirez profondément et questionnez votre âme, votre ange gardien ou votre guide. Brassez les cartes, faites une coupe si vous le souhaitez, et disposez les arcanes en éventail devant vous ou devant votre consultant. Puis, enfin, découvrez-les une à une.

Le tirage du (dé)confiné

Lame 1

Qu'est-ce qui en moi, aujourd'hui, reste sclérosé et demande à être déconfiné ?

Lame 2

Quelle est la part de moi qui veut rester confinée et attachée au passé ?

Lame 3

Comment faire pour me détacher de ce poids et accéder à une liberté nouvelle et déconfinée ?

Lame 4

Quel est le résultat de ma transformation et de mon déconfinement ?

Le tirage de la distanciation

Lame 1

Qu'est-ce qui, en ce moment, me tient à distance de moi-même ou de mon entourage ?

Lame 2

Par quel moyen puis-je réussir à me retrouver ou à me rapprocher des autres ?

Lame 3

Quel sera le dénouement de ces retrouvailles ?

Le tirage geste barrière

Lame 1

Quel geste ou acte devrais-je entreprendre pour mener une vie plus saine ?

Lame 2

Qu'est-ce qui m'empêche de prendre cette mesure ?

Lame 3

Comment contrer cet empêchement ?

Lame 4

Quelle nouvelle lumière apparaîtra à l'issue de cette action ?

Conclusion

Même si ce tarot dévie des symboles représentés par les jeux traditionnels, il n'en reste pas moins puissant par les questionnements qu'il peut engendrer. Et, puisque l'on parle bien d'un jeu, alors jouez ! Jouez toujours avec les noms, les nombres et les illustrations afin de nourrir votre imaginaire et vos connaissances. Je vous propose dans ce livret trois protocoles de tirage pour éveiller une réflexion, une méditation, sur notre ou nos confinements personnels. Vous trouverez dans l'océan des livres parus sur la tarologie, d'innombrables formes de tirages que vous pourrez adapter à votre guise et en lien avec l'enseignement du *Tarot des Confinés.*

Remerciements

Je tiens à remercier ici mes enseignants et mes étudiants, ainsi que tous mes amis qui m'ont encouragé sur la voie du Tarot. Je pense notamment à Pierre Martin, Bernard Dubois et Georges Colleuil.

Merci également à Florence Poulain pour son accompagnement et son soutien depuis de nombreuses années.

Merci à Marion et à toute l'équipe d'Alliance Magique.

À ma famille.

Et enfin, à Alexandrine « Sasha » Perrodin, qui illumine ma vie tous les jours.